U0331380

万物了不起

动物好朋友

尹传红　主编

派　糖　编绘

化学工业出版社

·北京·

图书在版编目（CIP）数据

万物了不起. 动物好朋友 / 尹传红主编；派糖编绘.
—北京：化学工业出版社，2019.2（2021.2重印）
ISBN 978-7-122-33522-7

Ⅰ.①万… Ⅱ.①尹… ②派… Ⅲ.①科学知识－儿童读
物②动物－儿童读物 Ⅳ.①Z228.1②Q95-49

中国版本图书馆CIP数据核字（2018）第288417号

万物了不起：动物好朋友
WANWU LIAOBUQI　DONGWUHAOPENGYOU

责任编辑：潘英丽 王婷婷　　　　　　　　　责任校对：王素芹

出版发行：化学工业出版社（北京市东城区青年湖南街13号　邮政编码100011）

印　　装：北京缤索印刷有限公司

889mm×1194mm　1/20　印张 5　　2021年2月北京第1版第3次印刷

购书咨询：010-64518888　　　　　　　售后服务：010-64518899

网　　址：http://www.cip.com.cn

凡购买本书，如有缺损质量问题，本社销售中心负责调换。

定　　价：24.80元

主编絮语

"好问题"是探索思考的源动力

尹传红

成长中不能没有书香，就像生活里不能没有阳光。

阅读滋以心灵深层的营养，让生命充盈智慧的能量。

呈现在大家面前的这套"万物了不起"丛书，共包含《虫虫大智慧》《植物有意思》《地球小秘密》《人体大学问》《飞鸟与游鱼》《动物好朋友》《科学有办法》和《恐龙不好惹》8个分册。它们通过"好问题"的导入，全方位地介绍了有关植物、动物、人体、地球以及生活中许多特别有意思的"小"知识。

贯穿全书的这1500余个趣味知识点，有的源于对自然现象的仔细观察——如海鸥为什么喜欢跟着轮船飞，一江春水就不能"向西流"吗？有的出自对日常所见的联想思考——如活跃在垃圾间的苍蝇怎么不生病，为什么我们感觉不到地球在转动？有的则是对既有认知的发散思维——如为什么用钢铁造出的船不会下沉，真的没有两片完全相同的叶子吗？充满好奇心的小读者可以从这里洞悉万物、了解世界，唤起想象力，激发求知欲，由此真正爱上科学。

孔子说"学而不思则罔"，强调的是在学习中要动脑筋思考。我觉得，学习、思考的要义在于提问题，特别是能够拓展原有知识领域、引发进一步探索思考的好问题。爱因斯坦有句名言："提出一个问题往往比解决一个问题更重要。因为解决问题也许仅仅是一个数学上或实验上的技能而已，而提出新的问题，却需要有创造性的想象力，而且标志着科学的真正进步。"正是从这个意义上讲，我们说，"好问题"是探索思考的源动力。

爱因斯坦本人就是一个提问题的高手。自少年时代，他就开始思考：如果一个人以光的速度运动，他将看到一幅什么样的世界景象呢？后来，

他提出了改变人类时空观念的相对论，成了我们这个时代的科学巨人。事实上，科学史上每一次重大的理论发现，无一不是以对既有背景知识的勇敢挑战、对未知潜在可能的大胆设想而形成科学问题作为开端的。

奥地利病理学家卡尔·兰德斯泰纳年轻时对血液成分和输血反应极感兴趣，一直怀有一种强烈的好奇心，想要弄清楚：为什么有时候输血会致人死亡，有时候又不会？……继而他登上血液反应的研究舞台，并在20世纪初发现了血型，阐明了安全输血的原理，影响和推动了免疫学、法医学、遗传学、病理学及临床医学等许多学科的发展。

可以说，科学就是活生生的现实，是我们经历之事是什么、怎么样和为什么的问题。正是这些问题，激励和促使我们细致观察、用心思考、深入认知。而且，对于一个具体问题的探究，往往还有着多个学科的紧密关联和相互支撑。"万物了不起"的种种奥秘，亦深蕴其中。

好奇、好问是孩子的天性，是他们体察自然现象、寻求合理解释的起点，更是他们探究万物规律、萌发创新思维的先导。如果孩子们能够多提一些问题，那么也就多了一些获取新知的途径和构筑自己知识殿堂的机会。

德裔美籍电机工程师查尔斯·斯泰因梅茨讲过："没有什么问题是愚蠢的。人们只有在停止发问时，才会变成傻瓜。"是啊，所有的好奇心都值得被满足，再荒诞的问题也都可能有一个科学答案。英国作家、词典编撰家塞缪尔·约翰逊说得好："丰富而高尚的心灵，就是因为强烈的好奇心而如此卓越。"

所以，家长和老师应多多鼓励孩子们发现和提出问题，特别注意引导他们思考和探究问题，乃至自己去寻找问题的答案。要让他们在汲取知识、增长智慧、激发想象力的同时，也得以发掘科学趣味、增强创新意识、提升理性思维，还能获得心智的启迪和精神的享受。

书页铺展开我们认识世界的一扇扇窗，也承载我们的梦想起航。

"好问题"是探索思考的源动力。孩子们，请从"万物了不起"丛书读起，继续提出你们的"好问题"吧！

目录

各自有高招

适应与挑战

最高等的脊椎动物——哺乳动物

哺乳动物是小朋友在生活中接触最多、最熟悉的一类动物，也是脊椎动物中最高等的一类。它们能从自身经历中学习知识和技能，适应性强，可以在沙漠、草原、森林、极地等多种地区生活。它们当中有的善于奔跑，有的善于游泳，有的善于攀爬，本领各异。

 哺乳类的共同特征

尽管它们彼此间差异较大，但仍有一些基本的共同特征，例如都是温血动物、胎生、哺乳，并且几乎都有体毛等。

狗狗们怎么长得不一样?

　　这就要从狗的驯化史说起了。狗和狼同属于犬科动物,而狼是狗的祖先,是人类最早驯化的野生动物。大量的科学数据表明,狗和狼的亲缘关系非常近,很可能是由狼进化而来。

　　人类在对狗的驯养过程中,有意地选择自己喜欢的那些特点进行筛(shāi)选培育,时间长了,就形成了不同的品种。

多样的品种分类

　　狗的分类方法有很多:按照体形大小可分为大型犬、中型犬和小型犬;按照体毛长短可分为长毛犬和短毛犬;按照功能可分为畜牧犬、警犬和导盲犬等。

按体形等标准,可将狗分成很多种类

善于气味分析的狗鼻子

狗对身边世界的探索主要靠嗅觉。人的嗅细胞数量约为 500 万个，而狗的嗅细胞数量是人类的 30~40 倍，所以在狗已经轻松嗅出从很远地方飘来的气味时，人对这股味道可能还毫无察觉。

狗还有着分析气味的能力，能从众多混杂的气味中辨识出它要寻找的那种。生活中，狗主要依靠灵敏的鼻子辨别同类性别、识别路线、寻找食物等。

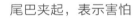
尾巴翘起，表示喜悦

尾巴夹起，表示害怕

尾巴下垂，表示有危险

 用尾巴来"说话"

在狗用尾巴"说话"时，尾巴翘起表示喜悦，尾巴下垂意味危险，尾巴夹起说明害怕，迅速摇尾表示友好。

如何成为合格的导盲犬？

导盲犬是一种工作犬，只有经过精挑细选后的优秀训练犬才有可能成为导盲犬。在正式工作前，导盲犬都要接受各种专业的训练，例如要习惯于颈圈及导盲牵引带的约束；要懂得不同的口令；要坚持对路人的干扰不予理睬；遇到障碍物或需要拐弯时能及时、正确地引导主人。熟练掌握这些技能后，才能成为合格的导盲犬。

职责多样的警犬

警犬也是工作犬的一种，按照任务的不同可分为追踪犬、搜捕犬、搜爆犬、搜毒犬、巡逻犬等，有很多岗位可供其施展本领。

4

猫真的可以从很高的地方掉下来不受伤吗?

猫有着发达的平衡系统，身体控制能力很强。当它需要从适当的高度落下时，猫可以借助尾巴的平衡功能，迅速调整四肢状态，哪怕刚下落时是四脚朝天的，猫也会在落地前做好着陆准备，将自己调整成四脚着地的状态。

尽管如此，猫也并不喜欢从高处跌落。小朋友们要好好照顾身边的猫，不要用这种危险的游戏和它开玩笑哟。

超强的身体控制能力，让猫可以迅速在空中调整姿势

 太高太低都不行

如果猫从很高的地方跌落，过大的冲击力会让它受伤，轻则骨折，重则当场死亡；如果从很低的位置跌落，因为下降时间很短，即使它身姿轻盈，也可能由于来不及调整姿势而受伤较重。

5

用胡须做
探测雷达的猫咪

猫的胡须可以敏锐
察觉到任何碰触

因为猫的胡须根部生有极细的神经，哪怕与物体稍有接触都能敏锐感觉到。它就像猫自身携带的探测雷达，在猫走路、奔跑和捕鼠时，帮忙感知周围物体，以此来弥补视觉上的不足。

有时当猫发现了老鼠洞，也可以借助胡须的试探来判断自己是否可以通过。所以对猫来说，胡须不是为了装饰，而是有着实际的意义。

怎么听不到脚步声？

猫的脚掌上长着厚厚的肉垫，可以在行动时悄无声息地靠近猎物。此外，它行动敏捷，拥有独特的夜视眼，所以生存能力很强。

猫的瞳孔可以缩成一条缝

　　猫眼睛的瞳孔有着很强的收缩能力，可根据环境光线的强弱调节瞳孔大小。在白天强烈光线的照射下，它的瞳孔可以缩成一条缝，减少刺眼的光线进入眼睛；在夜晚昏暗的环境下，它的瞳孔又可以张得又大又圆，方便更多光线射入眼睛，这样猫就可以在黑暗中看得更清楚了。

夜视专家

　　猫的夜视能力是人类的 6 倍，因为在它的视网膜后面有一层"反光镜"似的照膜，可以把部分透过视网膜的光线再反射回去，提高对光线的利用率。

猫为什么喜欢抓老鼠？

猫之所以喜欢抓老鼠，是因为老鼠体内正好有它非常需要的牛磺（huáng）酸。猫作为一种夜行动物，若想在黑暗中视物更清晰，就必须保证牛磺酸的摄入。所以，很多野外生存的猫都要经常抓老鼠吃。

家中饲养的宠物猫由于吃不到老鼠，更需要主人主动帮它喂食富含牛磺酸的食物，例如海鱼、哺乳动物的肝脏等，以免患上夜盲症。

转动的耳朵更灵敏

猫的听觉敏锐，连老鼠在地板下走动的声音都能听得一清二楚。而且它能够转动耳朵捕捉更多声音，所以听力比人类好很多。

8

老鼠天生爱啃咬

因为老鼠的门牙会持续不断地生长，一星期就能长出几毫米。如果任由它们发展，过长的门牙不仅会阻碍进食，还可能会让老鼠饿死。

所以，老鼠必须通过不时地啃咬木头等硬的东西，把门牙磨短。虽然这种啃咬完全是老鼠本能的行为，却间接给人类的生活造成了很大的危害。

门牙长呀长不停

哺乳动物中的很多类群都属于啮（niè）齿动物，例如海狸、豪猪、松鼠。在它们的上颌和下颌各长着两颗持续生长的门牙，都喜欢啃咬坚硬的物体。

9

囤粮，鼠类的本能

丰收时，老鼠会本能地把很多吃的储存起来，等粮食匮乏的冬天一到，它就可以安心地借助这些存粮过冬。储粮时，老鼠还会对食物进行认真挑选，果断扔掉那些被虫蛀或生得不够饱满的种子，以保证自己可以在冬天吃得更好。

有时为了多囤（tún）积一些优质的食物，老鼠甚至不惜冒着危险从很远的地方搬运粮食。

 就地掩埋的利与弊

除了把食物储存在粮仓，老鼠也会根据发现地点的不同，把一些食物就地掩埋。但这种掩埋在事后总是不太好找，以至于有些粮食会慢慢在地里生根发芽。

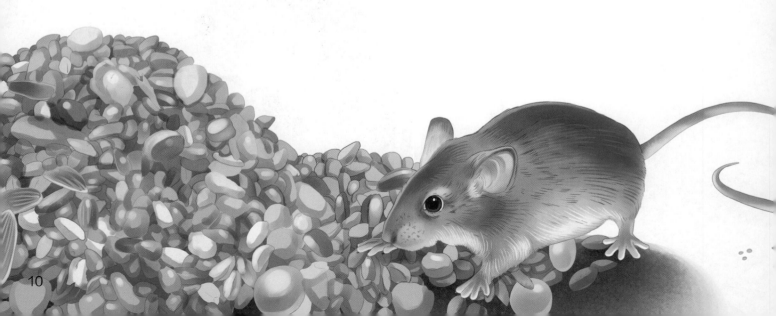

为什么"老鼠过街，人人喊打"？

因为老鼠是地球上最顽强的生物之一，它的生存繁殖总会给人类造成很多麻烦。全世界每年由于鼠害会损失大量的粮食；出于啮齿动物的习性，老鼠还会啃咬家具、门窗、电缆绝缘材料等，破坏人类的生活环境；此外，它还会传播鼠疫、流行性出血热等疾病，危害人类健康。所以人们提起老鼠，总会心生厌恶。

超强繁殖力

老鼠的繁殖能力超强，例如黑线姬鼠怀孕21天就可以产崽，产后第二天就能交配怀孕，新的幼崽出生后3个月就可以性成熟，所以很难对付。

一天到晚爱睡觉的猪

猪睡觉时分泌的生长激素
能让它长得更壮

猪的这种习性，和人在饲养时主动选育的结果有关。猪在睡觉时会分泌生长激素，它不仅能加快猪的生长速度，还能让猪更好地吸收饲料中的营养，长出更多的肉，所以人们在选种时，会更喜欢保留爱睡觉这一特点。

此外，由于猪的饲养环境较好，它每天无忧无虑地生活在围栏里，不愁吃喝，没有竞争，不需要剧烈运动，也不用警惕外界，自然就变得爱睡觉了。

 不要小看猪的智商

人们对猪总是留有蠢笨的印象，其实猪的智商在动物界是比较高的。它的嗅觉也非常灵敏，有些国家的海关和机场，甚至会用猪来搜查违禁品。

猪在泥里
打滚还有好处？！

哪里学来的拱地？

家猪是由野猪进化而来，至今还保留着野生时代的一些习性，比如很喜欢用鼻子拱泥地，因为它的祖先常用这种方式去寻找长在地下的食物。

猪常在泥里翻来滚去，因为它身上总会落有苍蝇、蚊子等虫子，有时还会生有一些寄生虫，这让猪感觉浑身都不舒服，又很难把虫子赶走。

所以，猪需要时不时在泥里打几个滚，这样既可以洗掉虫子，又能让全身沾满泥巴。等泥巴干后，还会形成一层保护层，让蚊虫再也没法叮咬它。

令人困惑的山羊胡子

　　小山羊长的胡子，和我们日常理解的胡子并不一样。我们人类的胡子是一种性别特征，只有男性才有。而山羊的胡子其实就是羊身上的普通毛发，只不过长得稍微长了一些。

　　因为山羊长期在树林间寻找食物，独特的山羊胡可以更好地保护下颌，所以不仅小山羊有胡子，连母山羊也有呢。

为什么吃完还在嚼？

　　羊在吃草时，会把半消化的草暂时储存在胃里，经过一段时间再从胃里返回口中咀嚼，这个过程叫反刍（chú）。

马站着就可以睡着吗？

我们人类要是困了，都习惯躺着睡觉，因为只有这样才能休息好。而马却与我们不同，它居然是站着睡觉的。

这是因为马没有像牛一样的犄角可以当作武器，为了防御不知何时冒出的敌人，它必须时刻保持警惕，就连睡觉也要站着，方便随时准备逃跑。时间一长，它就养成了站着睡觉的习惯。

是什么在"嗒嗒"响？

马儿走起路来之所以"嗒嗒嗒"地响，是因为人们在养马时，给它的脚掌上钉了马蹄铁，它就像马的鞋子，可以保护马蹄不被地面磨损。

马蹄铁

别再说马的脸长了，那只是它的嘴！

马的脸其实并不长，真正长的是它的大嘴巴。因为马只有一个胃和发达的盲肠，不能像牛那样依靠四个胃和反刍来充分消化食物，所以它只能用长嘴细细咀嚼吃下去的草。

此外，马的大嘴还可以让它一次吃下更多的草，并为草和唾液的充分接触提供更大空间。所以，这一嘴部结构对马来说十分重要。

嘴长也能有优势

马可以利用嘴长的优势一边进食一边观察敌情。在它探入草丛吃草时，不需要抬头瞭望就可以看到四周的情况。

小白兔的眼睛
怎么总是红红的?

不同种类的兔子体内含有不同的色素,它们也因此拥有特定的毛色,而且它们的眼睛往往与皮毛的颜色保持一致。例如灰毛兔含有灰色素,所以它的眼睛和皮毛都是灰色的。

而小白兔的身体里没有色素,所以它的皮毛是白色的,眼睛是透明的。我们从它眼睛里看到的红色,其实是眼球中的血液映出来的颜色。

真的是"兔子不吃窝边草"吗?

野兔宁可跑很远的路去找食物,也不会吃长在自己窝边的草。因为一旦把草吃秃了,兔子窝就会暴露在天敌的视线中。

公奶牛也会产奶吗？

　　我们常说的"奶牛"，其实是指一类品种特殊的牛。因为这类牛中的母牛产奶量高，可提供丰富的乳制品原料，被很多农场饲养，所以我们习惯性地把它们称作"奶牛"。

　　"奶牛"中也是有公有母的，只不过公牛不产奶，母牛在生下小牛后的一段时期内都可以产奶。所以农场里都是母牛较多，公牛较少。

奶牛都有哪几种？

　　我国的奶牛主要以黑白花奶牛较为常见，除此之外，奶牛中还有红白花奶牛、淡黄色或黄褐色的奶牛等多个品种。

动物也有偏食的

　　偏食是动物在长期进化过程中形成的一种生存技巧，当它们在食物资源丰富的环境中生存时，偏食的习惯能帮它们节省更多精力。一旦它们锁定了一种食物，而且这种食物不仅方便寻找、营养均衡、吃起来还不错，动物就再也不必为"吃什么""去哪吃"而费神，就可以把余下的精力用于求偶、躲避敌人、占领地盘等活动了。

摄食单一也有风险

　　食物资源匮（kuì）乏时，偏食也会给动物的生存带来巨大打击。例如一旦某一片桉树林遭遇灾害，林中专门以桉树叶为食的树袋熊就可能面临致命威胁。

怎样识别猴群中的猴王？

在猴群领地的最高处，通常那个单独坐在大树或岩石最顶端的就是猴王。当猴群得到食物后，猴王享有优先挑拣的权利。如果哪个猴子敢在这个时候抢先，一定会遭到猴王的惩罚。此外，猴王为了凸显自身地位的与众不同，还常常把尾巴弯成 S 形。凭借这些特征，我们就能在猴群中分辨出谁才是真正的猴王啦！

猴王也会有烦恼

猴王其实并不好当，猴群中时不时就会有野公猴入侵，试图抢夺王位。一旦入侵者取得了胜利，老猴王就必须离开。

20

猴子的屁股怎么红红的？

　　因为猴子平时很喜欢坐着，它的屁股经常在地面、石头、树枝等表面蹭来蹭去，毛发被磨掉后，皮肤就裸露了出来。另外猴子屁股上还分布着丰富的毛细血管，当这些毛细血管透过皮肤显露出来，屁股自然就呈现出红色了。

　　有些猴子进入发情期后，屁股的颜色还会变得比平时更红，以此来吸引异性的注意。

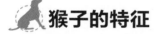 **猴子的特征**

　　大多数猴子都以森林为家，过着群体生活，生有便于抓握的五指，还有一条长尾巴和一个非常聪明的大脑。

21

狼吞虎咽的猴子不会噎着自己吗？

　　其实在猴子狼吞虎咽的过程中，它只是不断地把食物塞到嘴里，并没有真的把它们吃下去，更没有把它们吞到肚里。在猴子的口腔两侧，各长着一个颊囊（jiá náng），可以像袋子一样，起到储藏食物的作用。

　　猴子抢到食物后，会先把食物塞进颊囊，把两边的腮帮子撑得像两个肉球，过后再慢慢咀嚼。

什么都可能吃

　　大多数猴子都是素食者，主要以水果、植物叶子、坚果等为食。但狒狒（fèi fèi）却是杂食的，有时也捕食昆虫、蜥蜴，甚至小鹿、小羊等动物。

为什么猴子总喜欢
在树上荡来荡去?

猴子在树上荡来荡去可不仅仅是为了玩耍。它需要在树上轻轻摆动身体,或把树枝拉到嘴边才能吃到食物。

猴子的身体素质很好,尤其在柔韧性和灵活性方面非常优秀。它长有强壮的肩膀、灵活的四肢,还有可以平衡身体的尾巴,这些都能帮助它在树林间自由地荡来荡去。

友好合作,防御敌人

卷尾猴常与其他种类的猴子一起在林间觅食,这样双方可以提高觅食的效率,遇到敌人时防御能力也更强。

大猩猩捶打胸脯是在表达什么？

看着大猩猩捶打自己的胸脯，很多人都误以为这是大猩猩生气了，其实这一动作代表着多种含义。当有新同伴加入族群时，大猩猩会捶打胸脯来对新同伴表达友好，这是它欢迎对方的一种表示；那些地位较高或年龄较大的雄性大猩猩也常常捶胸，这是它在强调自己的重要性，是显示勇猛的一种方式。

仅仅是面孔严肃而已

大猩猩看起来身材高大，面孔严肃，好像脾气非常暴躁。事实上它们性格温和，主要以果子、树枝、树叶为食。

好聪明！会使用
人类语言的大猩猩

很多人都感到好奇，大猩猩能学会人类的语言吗？
为了研究这一问题，一位美国心理学家曾领养了一头
年幼的大猩猩，并教它使用聋哑人的手语进行交流。

经过艰难的教学努力，在大猩猩 7 岁时，它不仅
能用 600 多个手语词汇与人交流，还能听懂人说的几
百个单词，并做出反应。

喜欢小猫的大猩猩

这只聪明的大猩猩叫可可，是一只
母猩猩。可可特别喜欢小猫，在它 44 岁
生日那天，研究员还特意送了两只小猫
给它，让可可成了猫咪的保姆。

类人猿还能进化成人吗？

人类和类人猿都有着共同的祖先——古猿，但类人猿没能实现真正的手脚分工，各种行动依然遵循着动物的本能；此外，类人猿只会使用结构简单的工具，不会制造工具；而且类人猿过着小家庭的生活，同类之间几乎没什么来往，很难积累更多生活经验。所以，即使经历漫长的岁月，类人猿也不可能进化成人类。

为何无法直立行走？

类人猿的前肢比后肢稍长，但后肢力量不足，所以没法像人类一样直立行走，只能半直立行走以及臂行。

奇迹般留存下来的国宝——大熊猫

大熊猫是我国独有的、非常古老的一个物种，与它同一时期的许多哺乳动物都已经灭绝，大熊猫却一直生存至今，被誉为"国宝"，并有"活化石"之称。

大熊猫对竹子有着特殊的依赖，一旦竹林大面积开花、枯死，它的食物来源就会被断绝。为此我国专门设立了自然保护区，为大熊猫的生长繁殖提供保护。

 用爬树躲避危险

由于大熊猫的器官功能比较原始，所以它的听觉、视觉都比较迟钝。但它的爬树本领很高，遇到危险时，常爬到树上躲避。

令人意外！
爱吃竹子的肉食动物

　　虽然我们熟知大熊猫喜欢吃竹子，但它远古的祖先却是完完全全的肉食动物。因为在冰川时期，大熊猫的生存范围减小，食物资源紧缺，为了避免和其他肉食动物激烈竞争，它才改为吃竹子的。

　　大熊猫的消化道至今还保留了肉食动物的构造，所以很难吸收竹子中的营养，每天不得不吃下大量的竹子才能保证能量需要。

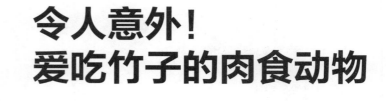

对食物的独特讲究

　　大熊猫最喜欢竹子里营养丰富但纤维素较少的部位，例如嫩茎、嫩芽和竹笋。偶尔也吃竹鼠、小鸟等肉类，以及一些腐肉。

大熊猫和小熊猫，哪里不一样？

小熊猫是毛发为红褐色的另一种动物

小熊猫是另外一种动物，它披着红褐色外套，四肢和足掌为黑色，尾巴有深浅相间的环纹。虽然它脸上也有一部分是白色，但面积较小，不像大熊猫那样明显。

刚出生的熊猫宝宝非常弱小，连眼睛都很难睁开，十几厘米的身长、稀疏的白色胎毛让它看起来和熊猫妈妈很不一样。不过即使这样，它也还是大熊猫。

 ## 把幼崽当成宝

大熊猫通常每胎只产一崽，所以熊猫妈妈非常疼爱它的孩子，两岁以前都不会让它离开身边，即使外出也会把宝宝驮在自己背上。

刚出生的熊猫宝宝虽然小，也仍然属于大熊猫

尾巴对于松鼠的丛林
生活至关重要

松鼠的大尾巴
有什么用？

松鼠蓬松的大尾巴非常实用，当它从树上跳下，尾巴会像降落伞一样，帮它在降落过程中起到缓冲作用；如果它在大树间跳来跳去，尾巴可以调整身体重心，帮它跳出更远的距离；一旦遭遇野兽追捕，尾巴的朝向又可以让它更灵活地转向；而到了睡觉的时候，尾巴则成了暖和的被子，让它温暖地进入梦乡。

静静不动，保存能量

松鼠没有冬眠的习惯，但在寒冷的冬天，它通常会长时间待在窝里不动，保存能量，每天只外出几个小时。

好狡猾！懂得使用诡计的狐狸

狐狸天性狡猾，因为相比其他动物，它在躲避敌人或捕猎时经常使用各种诡计。例如一旦它发现猎人正在布设陷阱，就会悄悄跟随其后，用独特的臭味标记出每一处陷阱的位置，警示同伴。

在捕猎时，它还会特意装成身负重伤的样子迷惑对方，在猎物放下防备之心后再突然发起攻击。正是凭借这样高超的智力，狐狸才在自然界生存下来。

处理猎物很从容

狐狸捕获猎物后，会叼住猎物的脖子把它运到一个隐蔽的地点，再慢慢享用。有时也会将食物就地掩埋，事后再凭借记忆力将它们找出来。

老虎的额头为什么有"王"字？

老虎全身的毛通常呈金黄色或橙黄色，它额头上的"王"其实也是身上斑纹的一部分，只不过因其形状很像汉字中的"王"字；再加上老虎的个性凶猛威武，因此常被人称为"林中之王"。

老虎身上的黑色斑纹具有伪装作用，可帮助它在森林中更好地隐藏自己。它通常在黎明或黄昏时外出活动，依靠敏锐的听觉和嗅觉搜寻猎物。

数量越来越稀少

我国野生东北虎和华南虎的数量越来越少，已到了灭绝的边缘，因此这两种虎都被列为国家一级重点保护动物。

"一山不容二虎"的说法有道理吗？

老虎是习惯独来独往的动物，尤其对于野外生存的老虎来说，除了交配期是和异性一起生活以外，其他时间里它都在自己的领地内活动。

所谓"一山不容二虎"，是因为一只老虎的领地要足够大，才能容纳更多猎物和猎物所需的食物。所以，老虎常会在自己领地边界的树上留下特殊的气味，以警告其他老虎不要侵犯自己的地盘。

天生就是追捕好手

老虎能凭借敏锐的嗅觉和听觉，追踪猎物。它足底厚实的肉垫还可以保证让自己悄无声息地行动，因此猎物很难逃脱它的追捕。

狼眼真的能在黑夜里放光吗？

我们在夜里看到的狼眼中的光，并不是狼眼自己发出来的，而是光线在狼眼中反射的结果。

为了在夜间把东西看得更清楚，狼眼中生有一个镜子似的反光层，可以把眼睛接收的光线再反射到视网膜上。此外，为了更好地收集光线，狼眼的瞳孔还会放大，所以我们就在黑夜中看到发亮的眼睛了。

狼真的性情凶残吗？

在很多人的印象中，狼性情凶残，喜欢捕杀家畜。事实上，是人类生活圈不断扩大，先侵占了狼的地盘，而狼为了猎食，才不得已对人类饲养的牲畜下手。

在夜晚，狼群靠嚎叫来沟通

狼是一种夜行性动物，它的实力之所以在食肉动物中排名靠前，也是因为它有着优秀的团队作战能力。当狼群在黑夜里活动时，最便捷有效的沟通方式就是声音了。

黑夜里的狼嚎（háo）声，可能表达了多种意思。它可能是失散的独狼在呼唤归队，可能是发情的公狼在召唤母狼，也可能是愤怒的狼在用嚎叫宣示主权等。

模仿的狼嚎也有用

动物学家在寻找狼群时，也会模仿狼的嚎叫，狼群一般都会回应。循着这些声音，动物学家就可以潜到狼群附近去观察了。

刺猬干吗在身上长满刺?

刺猬身上的刺是它自我防卫的武器,每当面对敌人的威胁,刺猬只要全身缩成一团,就会让敌人因为无从下口而无法伤害它。

刺猬独特的刺非常尖,摸起来手感并不舒服,属于毛发的变异。随着刺猬的成长,它背上的刺还会不断增多,以保持一定的密度。一只成年刺猬身上大约有5千多根刺呢。

刺猬对人类有益

刺猬喜欢吃白蚁、虫蛹、老鼠等对人类有害的动物,偶尔饿极了的时候也会偷吃一两个果子,但它仍然是人类的好朋友。

让刺猬害怕的黄鼠狼

虽然刺猬可以用坚硬的刺来保护自己，但黄鼠狼有自己独特的绝招，能破解刺猬的防御。

在黄鼠狼的肛门处长有臭腺，能放出带有浓烈臭鸡蛋气味的、气雾状的臭屁，这股臭屁不但奇臭无比，而且具有麻痹作用。一旦刺猬被臭屁袭击，被熏昏了头，身体便自然舒展开，黄鼠狼就可以趁机美餐一顿了。

🐾 用气味保护自己

刺猬为了保护自己，会将一些带有气味的植物嚼碎涂抹到自己的刺上。这样，在植物气味的掩盖下，天敌就很难发现它了。

"臭名远扬" 的臭鼬

臭鼬（yòu）的臭腺比黄鼠狼厉害得多，它平日把自己的"致命武器"藏在毛茸茸的大尾巴底下，遇到敌人威胁时，会果断翘起尾巴，将臭液喷射而出。如果对方嗅觉灵敏，完全可以被这股臭液熏晕过去。

万一人的衣服上不幸沾上了这股臭液，臭味持续数月都难以消散。所以凭借着这项专长，臭鼬当之无愧地成为世界上最臭的动物。

毛色各异的臭鼬

臭鼬全部生活在美洲大陆，体形和猫差不多大，毛色随品种不同各有差异，是杂食动物，喜欢以青蛙、老鼠、果实等为食。

人如果遇到熊，
倒在地上装死有用吗？

事实上，熊绝不会仅仅因为看到有人躺在地上，像死掉了一样，就转身离去。因为熊对腐肉并不反感，而且感觉灵敏的它完全能够从呼吸、体温和心跳等分辨出，躺在地上的人是死是活。

所以，如果熊没有对人发起攻击，那只是因为它认为这个人没有威胁，并且当时它的肚子不饿，也没什么玩耍的兴趣。否则，这个人是否安全，就只能看熊的心情了。

熊的移动速度，
比人类快多了

小心嗅觉发达的熊

在森林中活动时，不要随意丢弃食物残渣，更不要携带气味浓重的物品，以免引来像熊这类嗅觉十分敏感的动物。

冬眠的地松鼠

冬眠的刺猬

动物如何用冬眠
熬过寒冷的冬天

由于进入寒冬气温下降，食物匮乏，很多动物为了熬过这段艰苦的日子，就会进入冬眠状态。冬眠时的动物就像被麻痹（bì）了一般，体温显著降低，体内的新陈代谢非常缓慢，仅仅能够维持生命。

一些动物在冬眠前还会特意在体内储存更多的脂肪，帮助自己更安全地度过寒冬。这些脂肪不仅能作为动物冬眠时的能量储备，还可以保持体温。

动物怎么知道
冬眠的时候到了？

生物界的很多信号，都可能诱发动物冬眠。例如环境温度的下降，冬季食物的短缺，甚至逐渐缩短的日照时间也可能是信号的一种。

40

善于夜间飞行的蝙蝠，视力好吗？

蝙蝠飞行时并不依赖视力，而是靠喉咙发出的强力超声波。它用嘴巴和鼻孔将超声波发射出去，这些超声波碰到障碍物便被反射回来。蝙蝠利用耳朵接收这些回声，再以此判断对面物体的距离和大小，随后迅速做出反应。

这种探测方式叫"回声定位"，在各个领域广泛应用的雷达就是由此发明的。

科学家结合蝙蝠的特征发明了雷达，大大方便了人类生活

神奇的回声定位

蝙蝠的回声定位系统分辨能力超强，可以迅速区分树木、昆虫、地面等不同目标反射的回声，知晓食物和障碍物的具体位置。

41

蝙蝠干吗非要倒吊着睡觉？

由于蝙蝠后肢短小，落在地面时只能伏在地上，不会站立和行走，也没法像小鸟一样直接展翅起飞。如果它像大多数哺乳动物那样睡在窝里，一旦捕食者到来，它跑不快也飞不动，就只能等着被捕。

所以，每当需要降落休息时，它都必须先爬到高处倒挂起来，这样一旦发现危险，就可以随时滑翔飞走了。

冬眠时也要倒挂着

在寒冷的冬季，蝙蝠也是倒挂着进入冬眠的。因为这种姿势可以让它与冰冷石壁的接触面保持最小，同时将身体用翼膜包裹住，可以更好地保存热量。

树懒真的很懒吗？

　　人们之所以觉得树懒很懒，是因为它作为哺乳动物来说，行动极其迟缓，但这种缓慢其实和我们人类所谓的性格懒惰没有关系。

　　树懒是食草动物，喜欢以树叶、花蕾或果实为食，这些食物虽然容易寻找，但能量很低。所以树懒只能通过缓慢移动减少消耗，并把大部分时间都用来睡觉，这样才能在食物稀少的情况下生存。

上肢肌肉很值得夸

　　为了节省能量，树懒长期在树上生活，它也因此锻炼出很强壮的上肢肌肉，可以轻松地在树上悬挂几个小时。

鼯鼠是
怎么"飞"的?

　　鼯(wú)鼠会"飞"的关键,在于它身上长有飞膜。当它展开飞膜滑翔,就可以借助空气的升力"飞"上一段时间。此外,它还有着和身体一样长的尾巴,可以在飞行时掌控方向。

　　尽管如此,鼯鼠却没有轻盈的身体和独特的身体构造,只能从树木到地面之间简单滑翔,没法像鸟类一样飞向高空。

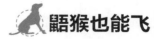

鼯猴也能飞

　　除了鼯鼠之外,还有一种叫鼯猴的哺乳动物,分布在马来西亚、菲律宾等地,体形比鼯鼠更大,身上长有滑翔膜,也会飞。

负鼠倒地装死的演技超级棒

负鼠遭遇天敌时，最常用的防御就是倒地装死。而且它装死时四肢僵硬，呼吸和心跳停止，即使有天敌碰触它的任何部位，它也纹丝不动。

之所以装得如此逼真，是因为它可以分泌麻痹大脑的物质，让自己暂时昏死过去，几分钟甚至几小时后才能恢复正常。而好多食肉动物是不吃腐肉的，看到负鼠"死"了，就会扫兴离开。

🐾 名字的由来

雌负鼠在育儿时，常常让小负鼠爬到自己的背上，背着它们行走，所以才被人称为"负鼠"。

45

獴怎么敢和毒蛇对峙？

　　獴（měng）是一种小型哺乳动物，敢于和眼镜蛇激烈对峙。战斗初期，獴并不出击，任由眼镜蛇占据主动，自己只专注于躲避。等眼镜蛇疲惫下来，速度变慢，它才会突然蹿上去进攻，最终咬住蛇的颈部将其制服。

　　尽管獴对付眼镜蛇很在行，但它却不能制服所有的毒蛇，一旦遇上眼镜王蛇、巴西蝮蛇这类大型的毒蛇，就只能用逃跑来保护自己了。

虚张声势也要讲究技巧

　　獴在与眼镜蛇对峙时，会把全身的毛竖起来，这不仅能让体形看起来更大，也可以保护自己，万一被咬也仅仅损失几撮（cuō）毛，而不至于伤到皮肉。

小袋鼠在妈妈的育儿袋中安心地睡觉

便利实用的袋鼠育儿袋

每个袋鼠妈妈的身上都长有一个大大的"肚兜"，叫作育儿袋。那是袋鼠宝宝温暖的小窝，小袋鼠们可以安心地在里面吃奶睡觉，就算敌人来了，袋鼠妈妈也可以轻松地带着自己的孩子们跳开。

有时，稍微长大的袋鼠宝宝还会从育儿袋中好奇地探出头来，它们会在袋中直到被哺育成熟才离开。

强健的后腿

袋鼠虽然前肢短小，却有着强有力的后腿。它们常依靠肌肉强健的后腿跳跃前行，一跳可达十几米远，是哺乳动物中跳得最远的。

47

好厉害！
功能超多的袋鼠尾巴

跳跃时，尾巴
可以保持平衡

站立时，尾巴
用来支撑

　　袋鼠的尾巴又粗又长，长满发达的肌肉。袋鼠站立时，它的大尾巴可以和双腿组成三角支架似的结构帮助袋鼠稳稳站立；跳跃中，强壮的尾巴又可以有效地帮助它保持身体平衡，从而跳得更远；当袋鼠缓慢行走时，尾巴则可作为第五条腿提供助力支撑；打架时，这条尾巴还是重要的进攻武器呢。

袋鼠的攻击妙招

　　袋鼠常常因为争夺食物和地盘而打架。它们会尝试用前肢将对方推倒，或借助尾巴支撑身体，抬起后足去攻击对方。

树袋熊为什么喜欢抱着大树一动不动？

树袋熊属于夜行性动物，当它看起来正抱着大树一动不动时，很可能就是在睡觉。

树袋熊之所以形成这样的习性，和它的饮食特点有关。树袋熊特别喜欢吃桉树的叶子，但桉树叶中的营养物质比较少，只能为它提供有限的能量。为了生存，它必须减少活动量，保存更多体力，所以才会把一天中的大部分时间都用来睡觉。

轻易不会下地

树袋熊也叫考拉，是澳大利亚的特有动物。它一生中的绝大多数时间都在桉树上度过，只有在需要更换栖（qī）息树木，或者需要吞食砾石促进消化时才下到地上。

四不像是什么动物？

四不像的学名叫麋（mí）鹿，是鹿科的一种。但它的角像鹿，头像马，蹄像牛，尾像驴，独特的外形与一般的鹿很不一样，因此才有了"四不像"这个名字。

麋鹿本属于中国特有动物，有的还被外国传教士运到了欧洲。后来由于自然灾害、人为捕杀等原因在本土灭绝。直到英国伦敦动物学会送给中国两对四不像，才使它们重返家乡。

🐾 雄麋鹿的自我包装

雄麋鹿拥有树枝一样的鹿角，求偶时，它们会在自己身上涂上泥浆，还会用角挑起青草装饰自己，以此来吸引雌麋鹿。

为什么骆驼没有水也能活好多天？

首先骆驼的汗腺很少，而且要在体温升到40.5摄氏度以后才开始出汗；此外它很少撒尿，这大大减少了身体的水分流失；另外，它独特的鼻子还能从通过的空气中回收水分；更厉害的是，它可以把营养都转化成脂肪储存在驼峰里。所以，只要它在出发前储存足够的能量，就不怕跋涉的路上没有水啦。

名副其实的"沙漠之舟"

骆驼作为"沙漠之舟"，耳朵上的毛发和浓密的睫毛都可以阻挡风沙；鼻孔也能自由开闭；宽大的脚掌走在沙地上不仅耐热，还能保证自己不陷下去。

防止风沙灌入耳部的毛发

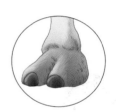
防止陷入沙地的宽大脚掌

可以自由开闭的鼻孔

可以阻挡风沙的浓密睫毛

51

可以让敌人眼花的神奇条纹

　　斑马是非洲特有的哺乳动物，生存在山地、草原等环境中，其身上独特的条纹是它在野外生存的保护色。由于黑白两色对光线的吸收和反射能力不同，当斑马被阳光或月光照射时，这些黑白交替的条纹可以让它的身形轮廓看起来更加分散、模糊，仿佛与四周环境混在一起，让捕食者"眼花"，从而更难捕捉到它。

山斑马

细纹斑马

条纹的宽窄有区别

　　不同种类的斑马拥有不同宽窄的条纹。山斑马体形较小，身上的条纹粗而少；细纹斑马的条纹窄而密，体形也是斑马中最大的。

为什么斑马喜欢和长颈鹿一起行动？

斑马是群居动物，通常一只雄性斑马会和它的妻妾（qiè）、子女共同组成一个稳定的群体，与角马、羚羊、长颈鹿等其他种类的动物一起吃草。

和其他食草动物相比，长颈鹿个头儿更高，看得更远，即使与猛兽距离遥远也能提早发现。如果身边能有长颈鹿这样高个子的伙伴做"哨兵"，斑马就安全多啦。

没有斑纹相同的斑马

斑马身上的条纹早在它出生前的胚胎期就已存在，而且这些条纹和人类的指纹一样具有独特性，所以世界上没有条纹相同的斑马。

长颈鹿的祖先——古长颈鹿

长颈鹿的脖子
怎么长得那么长？

曾经很多理论都试图解释长颈鹿脖子很长的原因。有一种"自然淘汰说"认为，长颈鹿祖先的脖子长度原本非常普通，但随着自然环境的变化，低处的草越来越少，它们必须改吃更高的乔木叶才能生存下去。

时间一长，脖子短的长颈鹿就因找不到食物而被自然淘汰，剩下脖子长的便凭借优势幸存了下来。

陆地上最高的动物

长颈鹿身高可达 6~8 米，是陆地上最高的动物，主要生活在非洲热带、亚热带的广阔草原上，是世界濒危动物之一。

54

长颈鹿是怎么喝水的?

由于长颈鹿个子很高，脖子又长，它必须努力地叉开前腿或跪在地上才能喝到水。而此时如果有猛兽在附近发起攻击，它就会非常危险。

所以，群居的长颈鹿要想喝水，总会先安排几位哨兵留意周围的情况。而且正常进食的长颈鹿，即使好几个月不喝水也能正常生活，因为它日常吃的枝叶食物中就含有大量的水分。

长长的舌头，
方便卷食树叶

不仅仅是脖子长

长颈鹿的舌头超长，可达 40 厘米，它能用长舌轻松卷住高树上的枝叶，再回转舌头把它们送进口腔。

可以靠鹿角来识别驼鹿吗？

驼(tuó)鹿是鹿科中体形最大的一类，肩高可达2米。雄性驼鹿那一对巨大的鹿角呈扁平的掌状，非常显眼，横向宽度可超过2米。随着年龄增长，驼鹿角还可以长出多个分叉，与其他鹿类树枝形的角有着明显不同。

研究发现，驼鹿的听力比其他鹿类要好，因为它宽阔的鹿角可以起到很好的聚音功能。

用实力生存下来

驼鹿与猛犸、披毛犀同属于冰川时期的动物，但只有驼鹿幸存至今。它能潜到水中去吃水草，游泳和潜水都是它的爱好。

岩羊——名副其实的攀岩高手

　　为了生存，岩羊进化出了轻盈灵活的身体、很好的平衡感和优秀的弹跳力，带有弹性的蹄子使它能抓紧光滑的地面，即使立在陡峭的斜坡上也能稳稳抓握。所以，只要悬崖峭壁上有位置能放下一只蹄子，它就能攀登上去。

　　岩羊向上一跳可达 2 米高，还能从 10 多米高的地方纵身落下而不摔伤，非常厉害。

方便抓紧地面的蹄子

生存环境日渐艰难

　　岩羊的皮毛又硬又粗糙，在夏季是茶棕色，到了冬季则变成岩石似的灰棕色。近年来由于过度捕猎和栖息环境的缩小，岩羊数量正在大大减少。

世界上最大的陆生动物——非洲象

非洲象是世界上最大的陆生动物，它拥有庞大的身体，皮肤厚而无毛，浑圆的身体搭配四条柱子般的腿，大而突出的耳朵和伸出嘴巴之外的长牙，都是它很容易识别的特征之一。

雌雄非洲象均有前突的象牙，雄象的体重大约是雌象的两倍。为了补充足够的能量，非洲象每天的大部分时间都在吃东西，而且一次可以吃掉相当于体重5%的蔬菜。

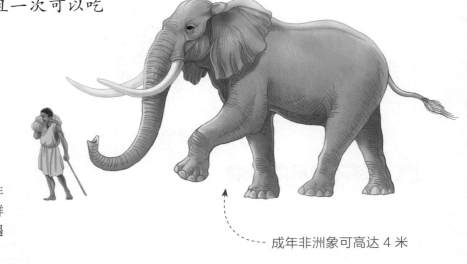

成年非洲象可高达 4 米

随着季节成群迁徙

旱季时，非洲象在森林中生活，每到雨季，便迁徙到大草原上。非洲象通常会由 10~20 只组成一个群体，每个群体有一只头象，如果遇到险情，头象便挺身而出。

每头大象都有象牙吗？

象牙是大象的上门齿，由于它越长越长，最后就伸出了嘴外。它是大象独特的防卫武器，但并不是每头大象都有。生活在非洲大草原上的非洲象，无论雌雄，都长有长长的象牙。而生活在亚洲的雌象，一般则没有外伸的象牙。

象牙被人们视为极好的雕刻材料，价格昂贵，所以大象常遭到人类的捕杀，数量急剧下降。

陆地上食量最大的食草动物

象是现今陆地上最大的食草动物，为了满足每日所需的能量，它一天至少要吃180千克的食物，如树叶、树皮和果实等。

为什么大象用鼻子吸水却不会呛着？

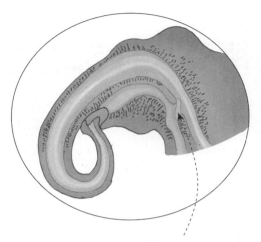

这块软骨是防呛水的关键

大象的鼻子有着柔韧而发达的肌肉，除了辨识气味，还可以吸水、喷水等。象鼻子的气管虽然与食道相通，但在鼻腔后面还有一块特殊的软骨，它就是保护大象不被水呛到的关键。

当大象将水吸入，即将灌满鼻腔时，软骨就会盖住气管口，将呼吸道堵住。这样水就不会继续流入肺里，大象自然就不会呛到啦。

 像手一样灵巧的象鼻

大象能用灵巧的鼻子感知物体的形状和性质，可以用它拿起细小的物体。经过驯化的象，还能用鼻子缠卷物品，帮人运送木材，搬运重大物件等。

大象真的怕
老鼠钻进它的鼻子吗？

"大象害怕老鼠钻进自己的鼻子"只是一个传说，并没有任何科学依据，而且目前也没有发现过类似这种说法的记载。

动物学家为了验证这种说法的正确性，还专门考察过好几个圈养大象的地方。尽管那些地方生活着许多老鼠，但从来没有大象因老鼠而受到惊吓或伤害的事情发生，反而是老鼠一见到大象就马上逃跑。

🐕 不太喜欢烈日和寒冷

大象虽然皮肤很厚，但皮毛稀少，皮下脂肪也不发达。所以别看它身体巨大，其实既受不了烈日，也很怕寒冷呢。

美国黄石公园竟然引进了狼

1995年前，由于人们的大量捕杀，美国黄石公园里的狼几乎绝迹。公园中的鹿群没有了天敌，开始迅速繁殖，树木和草地受损严重，其他食草动物也陷入了食物短缺的危机。

由于不再需要四处躲避，很多鹿还出现了肥胖症、脂肪肝等问题。一系列生态系统危机迫使人们不得不把狼引进回来，最终鹿群的数量得到了控制，森林和草地才重新恢复了生态平衡。

狼群介入的意义

狼主要以食草动物中那些老弱病残的个体为捕获目标，这样既能帮它们在警惕中保持活力，又能将食草动物数量控制在环境承受范围内，所以对维持生态平衡非常有利。

狮群中，捕猎的都是母狮子吗？

负责保护狮群的雄狮

狮子是喜欢群居的大型猫科动物，但狮群中的捕猎工作通常由母狮子负责。这并不是因为雄狮过于懒惰，而是狮群中不同成员的分工不同。

雄狮脖颈上长有鬃 (zōng) 毛，威风凛凛 (lǐn lǐn)，它主要担当狮群的保卫者，一旦有其他狮群成员侵入领地，雄狮就会挺身而出，发出示威一般的咆哮，并伴随低哼声，向入侵者发出警告。

连非洲水牛都可以被捕获

狮子拥有锋利的牙齿和钢钩似的脚爪，羚牛、斑马、非洲水牛等都是狮子的捕食对象。

63

狮子看起来
怎么总是懒洋洋的?

狮子是夜行性动物,习惯白天睡觉,晚上狩猎。所以白天如果我们在动物园看到狮子,会发现它们总是懒洋洋的。

之所以养成这样的习性,是因为狮子在白天容易暴露行踪,狩猎的成功率很低。而且非洲气候炎热,狮子需要在白天睡觉,养精蓄锐,等夜晚太阳落山再开始行动。

追击奔跑比较弱

尽管狮子可以进行高速奔跑,但这种奔跑只能维持十几秒的时间。所以比起追击,狮子更喜欢用伏击的方式狩猎。

带着猎物
躲到树上的金钱豹

在金钱豹的栖息环境中，总有老虎、豺、狼等同样凶猛的食肉动物期望从金钱豹的口中分一份好处。为了防止这些竞争者将自己辛苦狩猎的成果夺走，金钱豹只能先把猎物拖上树，再慢慢享用，因为其他强敌都没有爬树的本事。

而金钱豹之所以会爬树，是因为它的爪子不仅锐利，还有伸缩性，甚至可以把比自己体重还重的猎物拖到树上。

白天基本不出手

金钱豹是花豹的一种俗称，因它灰黄色的身上布满古钱似的斑纹而得名。它属于夜行性动物，白天常在树枝上休息或躲藏在浓密的植被中。

65

世界上奔跑速度最快的陆生动物——猎豹

猎豹是世上奔跑速度最快的陆生动物，它矫健的流线型身体可以在奔跑时大大减少空气阻力；发达的肌肉、粗壮的四肢和有力的尾巴又能在奔跑中帮助它很好地平衡身体。此外，它还有着强大的呼吸系统，能在奔跑中以极高的效率提供氧气，维持奔跑速度。这些都是它能成为陆地上的速度冠军的原因。

肉多肉少都接受

猎豹喜欢捕食从蜣螂（qiāng láng）等小型动物到羚羊这类比自己身体还大的动物，如果能成功捕获一头大的猎物，猎豹就可以有 2 周的时间不用为食物发愁。

就算跑得快，
猎豹也不能长时间追击

猎豹追捕猎物时，最多只能维持2分钟左右的高速奔跑。因为急速奔跑需要猎豹全身系统的强大支持，当呼吸无法让氧气及时进入身体，循环系统没法工作时，猎豹就不得不停下来。此外，猎豹的身体还会在高速奔跑中产生大量的热量，为了防止身体因过热引发虚脱，它也必须适时停下来，将体内积聚的热量及时排出体外。

 胜负只在几秒间

猎豹在捕食时，会先选好目标，再以闪电般的速度启动。如果几秒钟内便能追上猎物，则狩猎成功；否则，猎豹就会放弃追逐。

好壮观！非洲草原动物大迁徙

　　每年7月底，随着非洲草原旱季的来临，数以百万计的角马、斑马、瞪（dèng）羚等食草野生动物为了寻找充足的水源和食物，就会进行大迁徙。

　　在这段漫长的迁徙之路上，食草动物不仅要路过有狮子和豹出没的草原，途中还要经过埋伏着鳄鱼、河马的河流。能否熬过生老病死，完成这一迁徙旅程，对队伍中的所有动物来说都是一大考验。

不得已的短暂停留

　　由于动物们迁徙到达的草原面积较小，很难维持几百万头食草动物长期的生存需要，所以两三个月后，这批浩浩荡荡的迁徙队伍还将再次返回出发地。

鬣狗只喜欢吃腐肉吗？

鬣（liè）狗是非洲草原上不折不扣的强悍猛兽，草原上各种食草动物都会成为它们的目标，如斑马、角马、非洲野水牛等。如果有现成的动物尸体，它们也不会客气，但并不只是以腐肉为食。

鬣狗经常集体狩猎。为了防备狮子掠夺食物，整个族群的鬣狗会在捕获猎物后一起狼吞虎咽地分享大餐，仅仅数十分钟，就能把猎物分食得干干净净。

狮子的猎物也敢抢

除了自己捕猎外，鬣狗还经常抢夺其他食肉动物的猎物，比如几只鬣狗会一起吓走猎豹，霸占它的食物。如果群体的数量足够庞大，它们甚至敢去抢狮子的猎物。

效率极高的打洞专家——穿山甲

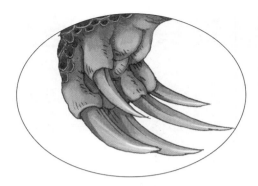

穿山甲长长的爪子
非常适合挖洞

穿山甲长着锋利的爪子，喜欢以蚂蚁和白蚁为食，为了发现山林和草地中的蚁穴，穿山甲便发展出一套非常专业的打洞技能。

它可以先用前爪开掘，再用后脚刨土；有时则会先把土刨松，再竖起甲片，像带着一身"小铲子"一样把洞中的土运到洞外，只需 1 个小时，就能挖出将近 5 米深的洞，效率非常之高。

 只用舌头就可以

穿山甲的嘴里没有牙齿，只有一条细长的舌头。捕食时，它只需要把长带子似的舌头朝蚁群横扫过去，就会有成百上千只蚂蚁成为它腹中的美食。

食蚁兽是
怎么吃掉蚂蚁的?

食蚁兽没有牙齿，是一类非常古老的哺乳动物，它几乎只吃蚂蚁和白蚁，虽然蚂蚁和白蚁都藏身在地下或者树中，但食蚁兽却可以凭借嘴里那条又长又软的舌头轻松吃到它们。

食蚁兽脑袋狭长，它的舌头长达 30 厘米，布满黏液，可以把蚂蚁和白蚁从洞里粘出来吃掉。必要时，有些食蚁兽还会用尖长的爪子强行扒开蚁穴，饱餐一顿。

食蚁兽的舌头又长又灵活

利用嗅觉寻找目标

现存食蚁兽的种类很少，只有大食蚁兽、二趾食蚁兽和小食蚁兽 3 种。食蚁兽的嗅觉非常灵敏，它可以在很远的地方就闻到蚁族的味道。

河马怎么整天把自己泡在水里？

非洲的天气太过炎热，河马的皮肤没有汗腺，无法通过流汗降低体温，所以只有待在水中才能让它感觉凉快一些。另外，由于没有了汗液的湿润，河马的皮肤还会因缺乏水分而干裂，潜入水中就不会有这个烦恼了；而且对于身体笨拙的河马来说，待在水里还可以更好地防御鬣狗和狮群的攻击，所以它当然更喜欢在水里"泡澡"啦。

各不相同的泡澡习惯

不同河马的"泡澡"习惯各不相同，普通河马喜欢成群泡，数量多时可达 100 头；而倭河马性格孤僻，更喜欢自己泡，或一对倭河马泡在一起。

犀牛为什么不驱赶落在自己背上的鸟？

犀牛的皮肤间经常生有寄生虫和吸血昆虫，它除了不时给自己的身上涂泥来防治害虫外，还会依靠背上的这种小鸟——牛椋（liáng）鸟来帮忙。牛椋鸟专门以犀牛、羚羊等食草动物身上的寄生虫为食，它在这些动物体表寻找食物的同时，还能用嘴帮它们梳理体毛。每当发现敌情，牛椋鸟还能迅速发出警报，所以犀牛从不驱赶它，反而和它成了好朋友。

牛椋鸟常和非洲草原上的大型食草动物一同出现

🐾 同伴的警报很有用

犀牛体形巨大，皮肤大多裸露、极厚而且带有褶皱。它的听觉和嗅觉虽然灵敏，但视觉非常不好，所以牛椋鸟不时发出的敌情警报对它很有帮助。

保护家园！
河狸修筑水坝的动力

河狸经常选择在水里筑巢，躲避捕食者的攻击。可是遇到大旱时期，水面下降，突出于地面的巢穴没有了水面的保护，就会变得非常危险。为了应对这种情况，聪明的河狸会在河道下游筑起水坝，这样水位被抬高了，河狸的家园就会恢复到一半在水上、一半在水下的状态，就不会被敌人袭击了。

有益于自然 生态的河狸

由于河狸修建水坝对自然环境有改善作用，所以生态学家们认为，保护河狸可以促进当地更多动物的繁衍生息。

河流水面　　　水坝　　　　　　　　　　巢穴剖面示意图

水下入口

白鳍豚艰难的生存现状

　　白鳍豚是我国特有的一种淡水鲸类，两千多万年来一直生活在长江中下游地区，如今却几近灭绝。人们对长江鱼类的过度捕捞，使得白鳍豚的食物大大减少，生存环境的恶化使得本来就不太容易繁殖的白鳍豚数量进一步减少；此外，长江航运的轰鸣声也严重干扰了白鳍豚的回声定位，造成其搁浅；再加上水体污染等原因，白鳍豚便逐渐从人们的视野中消失。

 仅存淡水豚中剩余数量最少

　　白鳍豚是一种非常聪明的动物，也是世界上现存的淡水豚中所剩数量最少的一种，因此被列为国家一级重点保护动物。

几种著名的淡水豚

白鳍豚

亚马孙河豚

恒河豚

江豚

鸭嘴兽是卵生的，却属于哺乳动物

　　虽然鸭嘴兽是卵生的，但它却以母乳哺育自己的后代，而且用肺呼吸，身上长毛，这都是哺乳动物的典型特征，因此，鸭嘴兽被归入了哺乳动物的行列。

　　这种长相奇怪的小家伙，已经世世代代在地球上存活了 2500 万年，是一种介于爬行动物和哺乳动物之间的古老动物，也是最原始的哺乳动物之一，具有很高的科学研究价值。

雄性鸭嘴兽身上，
可分泌毒素的腺体

🐕 小心后足的毒刺

　　雄性鸭嘴兽的后足长有刺，里面藏着可伤人的毒液。如果有人类被毒刺刺伤，会立即引起剧痛，需要几个月才能恢复。

海里真有美人鱼吗？

　　人们常说的"美人鱼"，其实是海洋中一种叫儒艮（gèn）的哺乳动物。儒艮生有体毛，能站立在海洋中；而且儒艮妈妈生了小宝宝之后，会像人类一样把孩子抱在怀中喂奶；加上哺乳期的儒艮乳头突出，哺乳位置也与人类相似。月夜，儒艮只将上半身露出海面时，从远处看，它模糊的身影便容易让人联想到美人鱼。

满头海草造成的误会

　　儒艮以海草为食，每隔半个小时左右就要出水换气。有时当它从海面探出头来，头上就会披着海草。这种外形远远看去，也容易让人联想到长发美女。

海象的皮肤真的会变色吗?

海象有着厚厚的皮下脂肪层,因为它生活的北极圈的海水异常寒冷。当海象潜入冰冷的海水中,它体内的毛细血管收缩,血液流动减少,皮肤看上去就比较白。

而当海象从水中移动到陆地,把皮肤暴露在阳光下时,为了更多地吸收热量,它的毛细血管膨胀,血液流动加快,皮肤看上去就变得又红又深了。

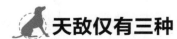

天敌仅有三种

海象主要在北极附近海域活动,且在自然界天敌很少,能捕杀海象的只有人类、北极熊和虎鲸。

海象的
长牙有什么用？

　　长牙是海象自我防御的武器，当它遇到北极熊的威胁，便会用长牙驱赶。此外，它还会将长牙作为寻找食物的工具，觅食时，它会先沉入海底，把长牙插入泥沙中，再从掘出的海底泥沙中翻找虾、蟹等食物来吃。

　　雄海象在求偶时还会用长牙互相角斗；当它在冰上行走时，也需要长牙的协助。

留一个同伴来放哨

　　海象是群栖性动物，群体睡觉时会留一个哨兵放哨。一旦发现危险来临，哨兵便用吼声唤醒同伴，或用长牙碰醒身边的海象，再将警报依次传递下去。

真聪明！训练后的海狮会顶球

海狮是一种非常聪明的动物，它的智商较高，善于模仿，比较容易被人驯化。由于海狮可以轻易地抬起上半身，还能灵活转动脖子，所以有着非常适合顶球的身体条件。

经过驯兽师的专业训练后，海狮就能表演顶球、倒立行走等节目，还能练就跃出水面1米多高的独特技能呢！

海狮灵活的身体条件，非常适合顶球特技

本领高超的天才潜水员

海狮天生有着高超的潜水本领，动物学家会将一些科研设备装在它身上，训练它完成一些潜水员无法完成的考察任务。

为什么海獭
总是喜欢梳理皮毛？

海獭（tǎ）没有海豹、海象那样厚的皮下脂肪，主要靠一身致密的皮毛保暖。为了防止海水浸透皮肤，带走身体里的热量，它必须每天花上大量时间去梳理、舔擦自己的皮毛，避免皮毛蓬乱，或者因粘上脏东西而打结。

海獭梳理皮毛时非常仔细，不仅头尾、四肢等地方不会放过，连胸腹部都要清洁得干干净净。

懂得用石头做砧板

海獭主要以海底生长的贝类、海胆等为食。为了顺利吃到食物，它会仰躺在水面，用拳头大的方形石块放在胸腹上做砧（zhēn）板，将食物在砧板上击破后食用。

海獭被海藻缠住了！
其实它是故意的

为了避免自己被汹涌的海浪冲走，海獭会选择海藻丛生的地方作为自己的庇护所。它不仅会在睡觉前用打滚的方式将海藻缠绕在身上，海獭妈妈在捕食时，也会用海藻将海獭宝宝包裹起来保证安全。

除了借助海藻的辅助外，为了防止同伴被海水冲走，海獭睡觉时还喜欢相互手牵着手，非常可爱。

对于上岸，十分谨慎

海獭主要依靠嗅觉和听觉发现危险，因为它在陆地上行动迟缓，所以非常谨慎，只要海岸上还留有人的气味，它就不会上岸。

海豚为什么喜欢围着轮船游来游去？

海豚对轮船的追随与它的性格是否顽皮没有关系，它这样做主要是为了在游动中更好地节省体力。因为在轮船行进过程中，随着海水被搅动起来，大量的海水会在船体周围形成一个压力圈，产生许多压力波和压力流。聪明的海豚天生就懂得借助这种流动，减少前进中遇到的阻力，从而让自己的游动更省力。

 **神奇的交替睡眠**

科学研究发现，海豚大脑的两个半球是交替睡眠的。所以即使它在睡眠中，对于外界环境也能做出必要的应对。

海豚大脑的两个半球是交替休息的

当鲸喷水柱时，
它其实是在呼吸

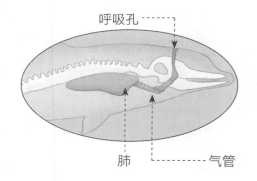

呼吸孔

肺 ----- 气管

我们看到的"喷水"其实只是鲸在进行呼吸。鲸用肺呼吸，虽然它的肺可以储存较多空气，但一般每隔十几分钟后，鲸就必须浮到水面透一透气。

鲸的鼻孔长在头顶上，当它需要换气时，肺部大量的废气排出鼻孔，就会把海水带到空中；此外，由于海面的空气更冷，鲸肺内呼出的湿空气遇冷凝结成小水珠，也能形成喷泉。

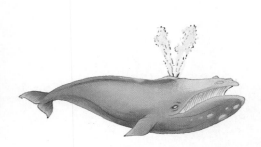

露脊鲸喷出的水柱是双股的

不同种类的鲸，水柱不一样

鲸的种类不同，喷出的水柱的高度、形状和大小也不同。有经验的动物学家仅凭借鲸喷出的水柱，就能辨别它的种类和大小呢。

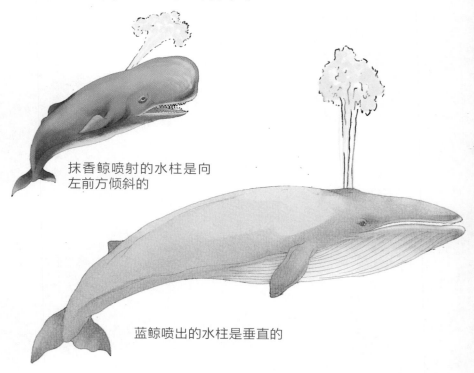

抹香鲸喷射的水柱是向左前方倾斜的

蓝鲸喷出的水柱是垂直的

逆戟鲸

别再把鲸误解成鱼啦！

虽然人们习惯把鲸称为鲸鱼，但其实它不是鱼类，而是胎生的哺乳动物。鱼类用鳃呼吸，一般都长有鳞片，体温会随着环境的变化而变化，而且是卵生。而鲸用肺呼吸，身体被一层皮肤包裹，体温恒定，保持在37摄氏度左右，生育方式是胎生。

所以鲸不是鱼，而是地地道道的哺乳动物。

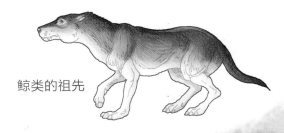

鲸类的祖先

由陆生的祖先进化而来

鲸类的祖先是陆生有蹄哺乳动物，身形像狼，属于中兽类。它们在海洋周围生活，不时到浅水中捉鱼吃，最终演变成早期的鲸类。

早期鲸类

座头鲸
是出色的歌唱家

人们在探索海底世界时发现，水下的光线会对鲸类的视力造成困扰，而水流也会影响鲸类的嗅觉，所以它们只能依靠声音来进行交流。

座头鲸能够产生重复高频而美妙的声音，算是动物王国中最复杂的"歌声"了，所以被人们看作是海洋中的歌唱家。

 歌声的妙用

动物学家认为，座头鲸的有些歌声是雄座头鲸在向雌座头鲸示爱，有些则是在向同伴发出表示警告或求救的信号。

北极熊怎么不怕冷呢？

北极熊栖居在冰天雪地的北极，它的皮毛有着与众不同的保暖作用。科学研究发现，这层密实的皮毛能把北极熊的身体热量牢牢包在体内，让它的体表温度与北极地区冰块的温度几乎一样。

当阳光照到身上，特殊的皮毛还能将阳光的热量全部吸收，增加北极熊体内温度，所以它的皮毛也就成了世界上最保暖的皮毛之一。

优秀的身体素质

北极熊也叫白熊，是熊类中体形最大的。成年的雄性北极熊身长可达3米，是优秀的游泳健将。别看它平日里行动缓慢，其实跑起来比人快得多。

冬夏两季毛色会变化的雪兔

　　雪兔的毛色在冬夏两季差异很大，夏天时是褐色的，冬天才会变成白色，这样方便它更好地适应生存环境。

　　夏季时，褐色的皮毛可以像"迷彩服"一样保护雪兔；到了冬天，长长的白毛除了能帮雪兔抵御严寒，还能让它与周围的冰雪环境融为一体，让敌人在白茫茫的雪地中更难发现它。

用不同路线迷惑敌人

　　雪兔性情狡猾机敏，经常更换不同的路线回窝，而且它的兔窝也不固定，所以才有"狡兔三窟"的说法，以此来比喻有多个藏身的地方。

夏季时，雪兔毛色呈褐色